RISQUE ESTA PALAVRA

ANA MARTINS MARQUES

Risque esta palavra

5ª *reimpressão*

Copyright © 2021 by Ana Martins Marques

Grafia atualizada segundo o Acordo Ortográfico da Língua Portuguesa de 1990, que entrou em vigor no Brasil em 2009.

Capa
Kiko Farkas

Preparação
Heloisa Jahn

Revisão
Thaís Totino Richter
Jane Pessoa

Dados Internacionais de Catalogação na Publicação (CIP)
(Câmara Brasileira do Livro, SP, Brasil)

Marques, Ana Martins
    Risque esta palavra / Ana Martins Marques. —
1ª ed. — São Paulo : Companhia das Letras, 2021 .

    ISBN 978-65-5921-062-6

    1. Poesia brasileira I. Título.

21-59515   CDD-B869.1

Índice para catálogo sistemático:
1. Poesia : Literatura brasileira   B869.1

Cibele Maria Dias – Bibliotecária – CRB-8/9427

Todos os direitos desta edição reservados à
EDITORA SCHWARCZ S.A.
Rua Bandeira Paulista, 702, cj. 32
04532-002 — São Paulo — SP
Telefone: (11) 3707-3500
www.companhiadasletras.com.br
www.blogdacompanhia.com.br
facebook.com/companhiadasletras
instagram.com/companhiadasletras
twitter.com/cialetras

Sumário

A PORTA DE SAÍDA
Meu amigo, 11
Religião, 13
Porque um barco volta a ser madeira, 15
Finados, 16
Acabamos de lançar tuas cinzas, 18
Estamos todos reunidos, 19
É como se a infância não fosse um tempo, 21
História, 22
Medidas, 23
A porta de saída, 25
Relâmpagos, 27
Alba, 29
O que eu mais gosto do teu corpo, 30
Porque sua camiseta secou ao sol ela tem a cor do sol, 32
Quatro pedras, 33
Lembrete, 35
Ofélia aprende a nadar, 38
Um café com a Medusa, 41

POSTAIS DE PARTE ALGUMA
Turismo, 47
Nunca é fácil, 48
Fazer as malas é tarefa impossível, 49
Praia das Maçãs, 50

Alter do Chão, 51

Minas à beira-mar, 52

O que ela pensou na primeira vez que viu o mar, 53

Jet lag, 54

Aquele quarto de hotel, 55

Parte alguma, 56

NOÇÕES DE LINGUÍSTICA

Seu filho hoje aprendeu uma palavra, 61

Língua, 62

É uma alegria haver línguas, 66

Uma primeira pessoa cheia de pequenos animais, 69

Silêncio, 70

Por exemplo, 72

Volapuque, 73

Somos como duas línguas estrangeiras, 75

Prosa (I), 77

Prosa (II), 79

Alguém acendeu uma lâmpada num livro, 81

Poema com o som de sua própria fabricação, 83

Sobre um poema de Issa, 84

À mesa, 85

Você se dá conta, 87

PARAR DE FUMAR

Despeço-me, 93

O que fazer agora, 95

De tudo o que queima, 97

Uma foto de Wislawa Szymborska, 99

Nele o fogo caminha, 101

Vendo vaga-lumes, 103
Os baré do Alto Rio Negro, 104
São como Ícaro, 105
Fiat Lux, 106
Prometeu, 108
Duas pontas, 109
Como uma viga, 111
Ainda sinto falta de ter algo nas mãos, 112
Encerramos afinal nossa aventura, 114

A PORTA DE SAÍDA

Meu amigo,

quase já não escrevo
passo o dia sentada em algum lugar
olhando florescer qualquer coisa que esteja
posta diante dos olhos

com isso já vi morrer uma pedra
e um cachorro enforcar-se
numa nesga de sol

mas nada disso era uma palavra
dessas que coloco agora uma após a outra
para que depois você as receba como um aviso
de que ainda não morri de todo

não se parecia tampouco com uma palavra
embora lembrasse vagamente *naufrágio*
a mulher que atravessou a rua velozmente
carregando como uma criança
um girassol sem cabeça

e o que encontrei
um dia após o outro
não foi uma palavra

mas uma canoa em chamas
não foi uma palavra
mas um acidente doméstico
envolvendo um barco de brinquedo
e uma máquina de costura
não foi uma palavra

(embora em torno das coisas
sempre se ajuntem palavras
como cracas no casco
de uma embarcação antiga)

às vezes sim me ocorre encontrar uma palavra
apenas quando a encontro
ela se parece com um buraco
cheio de silêncio

às vezes sim me ocorre encontrar uma palavra
enganchada numa lembrança
como uma lâmpada num bocal

um poema não é mais
do que uma pedra que grita

risque por favor
esta palavra

Religião

> *If I were called in*
> *to construct a religion*
> *I should make use of water*
> Philip Larkin, "Water"

Inaugurar uma religião
adorar os pontos em que se formam
as estações do ano
os gestos de desnudar-se
o dia depois da chuva
a distância: entre uma árvore e outra árvore
entre cidades com o mesmo nome
em diferentes continentes.
Criar relíquias:
os táxis ao entardecer, as colheres
brilhando ao sol, toda tecnologia
tornada obsoleta
esboços de mãos e pés
de pintores antigos
as presas ensanguentadas
que nos trazem os gatos.
E ainda outras, íntimas, insensatas
a luz nos seus cabelos
fotografias de parentes
que não sabemos quem são.

Adotar novas bíblias:
longos romances inacabados
palavras lidas sobre os ombros
de alguém no metrô
poemas clássicos traduzidos
por tradutores automáticos.
Reconhecer enfim o divórcio
como um sacramento.
Na liturgia
tocar como partituras
os mapas das cidades.
E no Natal
só celebrar o que nasce
do sexo
para morrer
de fato.

Porque um barco volta a ser madeira
e mesmo uma casa volta a ser pedra
porque as coisas tecidas um dia se destecem
porque não é eterno o amor entre as coisas
porque mesmo o vidro mesmo o metal
perecerão
os seus olhos lentos a sua carne violenta
a eletricidade do seu pensamento
seu pequeno sorriso mesmo quando você se esforça
para disfarçar sua alegria
perecerão
restará a cinza dos seus caprichos
as coisas tolas sobre você
de que se lembrarão
seus conhecidos mais jovens
aqueles que nunca foram a sua casa
aqueles que não conheceram os seus avós
aqueles que não dividiram com você a sua cama
aqueles que mal leram os seus poemas
apenas viveram um pouco mais
você será então só aquilo de que eles se lembram
uma pessoa muito diferente da que você foi
uma mulher com um casaco verde
ou era azul
que sempre passeava por aqui com um cão
da raça qual

Finados

> *A morte*
> *se expia*
> *vivendo*
> Giuseppe Ungaretti, "Sou uma criatura"

Estava a morte por perto
e por isso a vida
armou sua vingança:
aumentando-nos a fome
a vontade de cerveja
e condimentos
o desejo de gastar o dia ao sol.
Tuas camisas nos armários
agora apenas vestem a si mesmas.
Seria preciso usá-las, levá-las para passear,
manchá-las de café, tinta, graxa,
desodorante, suor.
Uma ofensa à morte
um desafio.
Quem sabe tudo o que morreu
com quem morreu?
Um livro nunca escrito
um novo amor
um pensamento que permanecerá
impensado.

Quem sabe o que essa morte
trouxe à vida?
As casas
coloridas
estão alegres sem motivo.

Acabamos de lançar tuas cinzas
surpresos de que reste
tão pouco de ti
depois seguimos em silêncio
ao sol
em meio a tudo o que
te sobreviveu
— e tu estás
em tudo

Estamos todos reunidos
na praia da palavra infância

um barco é um nó no mar

dormem tarde nesta época
as luzes do dia

estamos todos reunidos em torno
do seu lento apagamento

o mar devolve espumando
o que comeu

sob sua superfície brilhante
pastam peixes coloridos

anêmonas, pedras, corais
como sob a capa de um livro

estamos todos reunidos em torno
do ouriço da palavra ouriço

este ano você não veio

justo no primeiro ano da sua morte
você não deveria faltar

estamos todos reunidos em torno
da fogueira do seu nome

É como se a infância não fosse um tempo
mas um lugar
com seus cumes seus esconderijos
suas pequenas clareiras
um lugar, aquele onde cometemos
nosso primeiro crime
há quem tenha matado um coelho
há quem tenha matado um sapo
há quem tenha matado um cão
há quem tenha mentido perseguido destroçado
deixado morrer
por capricho
de minha parte matei uma criança:
uma menina morreu em mim
por onde vou carrego
seu cadáver
e a forma exata do seu corpo
repousa no meu corpo
como num vestido
largo demais

História

Tenho 39 anos.
Meus dentes têm cerca de 7 anos a menos.
Meus seios têm cerca de 12 anos a menos.
Bem mais recentes são meus cabelos
e minhas unhas.
Pela manhã como um pão.
Ele tem uma história de 2 dias.
Ao sair do meu apartamento,
que tem cerca de 40 anos,
vestindo uma calça jeans de 4 anos
e uma camiseta de não mais que 3,
troco com meu vizinho
palavras de cerca de 800 anos
e piso sem querer numa poça
com 2 horas de história
desfazendo uma imagem
que viveu
alguns segundos.

Belo Horizonte, 7 de novembro de 2016.

Medidas

Um dia que é como a fotografia de outro dia
um poema escrito pela manhã
na sala de espera de um consultório médico
que é como um poema escrito à noite às pressas
num guardanapo
um amor novo que é como a memória de um amor antigo
um sábado que é a lembrança de um domingo
e uma praia que é como o postal da praia de outro mar

o mundo é como um dicionário fora da ordem alfabética
ou uma lista de compras que inclui coisas que não estão
[à venda

insistes nele, no mundo,
no entanto,
como se as mudanças de estação
os protocolos de segurança
a didascália
os lapsos de memória
as palavras públicas com as quais tentas exprimir
coisas privadas
e que restam depois como guimbas de cigarros
fumados a dois
as casas abandonadas às pressas
e as pedras, que não foram batizadas,

fossem coisas feitas para ti
para o teu entendimento

*

Minha cabeça arruinou minhas mãos
minhas palavras arruinaram meu corpo
meu corpo arruinou-se
batendo contra o tempo

Algumas partes de nós
morrem primeiro:
é veloz como a dos cães
a idade do coração

*

Uma casa amarela divide a infância
em duas uma noite vermelha divide
a adolescência em duas uma viagem
verde que era também dourada corta
a vida ao meio

em cada brecha entrou o tempo
sem convite

como um alfaiate a morte
toma-me as medidas

A porta de saída

> *Eu vou morrer, mas*
> *isso é tudo o que farei pela Morte*
> Edna St. Vincent Millay,
> "Objeção de consciência"

> — *Alô, iniludível*
> Manuel Bandeira, "Consoada"

Mas não serei eu
a pôr-lhe a mesa
— quando chegar
encontrará a casa como sempre
em desordem
cheia de livros e discos
com plantas e gatos ao sol
e os papéis em órbita
em torno da cama
e os lençóis revoltos
como em alto-mar
quando vier
dar cabo dos aniversários
comer a carne até os ossos
encontrará as coisas acesas
fora do lugar
o campo por lavrar e

a louça por lavar
quando chegar
que se sirva
do que achar
e feche ao sair a porta
por fora

Relâmpagos

O pensamento
é um pornógrafo
e quase só de palavras
se faz o amor

e no entanto não se embaraça
o pensamento com os cabelos
como os meus cabelos
se embaraçavam nos seus

e não se misturam as palavras
com as palavras como na boca
a saliva se mistura
com a saliva

nem as línguas que falamos
deixam gosto na língua

ou eu teria ainda na minha
o sal da sua

nem anoitece na memória
aos poucos como anoitecia
naquele quarto estreito

já fui um ser de duas cabeças
e ancas
já tive quatro pernas duas bocas
tive quatro braços e mãos
e vinte dedos das mãos
e dois sexos e dois corações
pulsando
simultâneos

já tive só palavras rápidas
como relâmpagos
atravessando a pele

o que foi feito das palavras
que trocamos?

o que foi feito desse ser
desajustado para o mundo?

o que ficou além da cicatriz
dos relâmpagos?

Alba

É dia
e daí?
Relógios e amantes
acordam em desacordo.
Por que levantar agora?
A noite não foi cheia de afazeres,
como um dia de escritório?
Não é também labor
uma noite de amor?
Como o corpo desses livros
que lemos no leito
o seu não guardou as marcas
do meu manuseio lento?
Mais vale adiar o dia.
O alarme do celular:
que triste cotovia.

O que eu mais gosto do teu corpo

A parte do teu corpo
que procura pelo sol
como os gatos pela casa

a parte que permanece imóvel
quando cantas, a que se move
quando estás parado

a parte que apenas a mim
e de relance, por descuido
revelaste

a parte onde guardas as memórias
de infância, a parte que ainda anseia
pelo futuro

a parte que demora
a acordar
depois que acordaste

a parte que discorda
ainda de mim
quando já cedeste

aquela que adere
mais fortemente
ao teu nome

a parte que guarda
silêncio enquanto
falas

a parte que
quando estás cansado
ainda não se cansou

a parte ainda noturna
quando é dia, diurna
quando é noite

a parte que
tem parte
com o mar

Porque sua camiseta secou ao sol ela tem a cor do sol
porque seus cabelos secaram ao vento seus pensamentos têm
a velocidade do vento

porque você disse *noite* sua boca
tem o gosto do mar noturno

porque você não conheceu meu avô você me amará menos
porque não te conheci quando criança eu te amarei mais

porque você conheceu meus livros antes de me conhecer
você nunca vai me conhecer

Quatro pedras

1
Aquele que não
tiver pecado
que cometa o primeiro
atirando a pedra

2
Onde o Pedro
que com uma pedra
destruirá
uma igreja?

3
No meio do caminho
a falta da pedra
(minerada):
oco
na paisagem que
o olho
fatigado
(como a um cisco)
não esquece

4
À porta da pedra

a poeta
posta-se
quer entrar
no mundo mudo
com palavras
deste mundo
quer chamar o sem nome
pelo nome
estar de visita
onde ninguém mora
a pedra é fechada por dentro
só pode abrir-se
multiplicando-se
a poeta bate
bate repetidamente
à porta do que não tem porta

Lembrete

Lembrar que
enquanto andamos
por estas ruas banais
sob um céu inestrelado
templos brancos como ossos
repousam entre oliveiras
quase igualmente antigas

uma mulher desfaz
sobre a nudez noturna
sua trança pesada

um pequeno lama
cabeceia de sono

e há leões e laranjas
falcões e hangares
anêmonas e zinco

um bando de antílopes
atravessa um pedaço de terra
como este
deixando-o depois
vazio de sinais

em silêncio um homem prepara
menos comida do que ontem

um a um
partem os barcos
de passeio

chove intensamente
sobre teleféricos

uma mulher vê
a cidade acender-se
à medida que anoitece
e para acalmar-se
conta as janelas
iluminadas

arrumam-se armários
roupas de pessoas mortas
envelhecem corpos jovens

envelhecem também
os automóveis
e as máquinas agrícolas

com uma rede veloz
recolhem-se do mar
peixes luminosos
que então serão deixados
afogando-se
na areia

alguém conhece
pela primeira vez
a enguia, o sexo, a escrita

pensar que devemos estar
à altura
disso

Ofélia aprende a nadar

Há muita coisa em comum entre
cair de amor
e cair na loucura
e cair num rio

em todo caso
cai-se
da própria altura

veja-se, por exemplo,
Ofélia

cai
mas cai
cantando

trazendo nas mãos ainda a grinalda
de rainúnculos, urtigas, malmequeres
e dessas flores a que os pastores dão um nome grosseiro
mas que as moças denominam poeticamente
"dedo-da-morte"

cercada desses ornatos
como de uma coroa

por um momento
seu vestido se abre
e ela se sustenta
na superfície

envolvida
na correnteza

qual uma sereia

cantando
canções antigas
com os cabelos entrelaçados aos juncos
e aos nenúfares

como se tivesse nascido ali
como se fosse criatura
daquele elemento

(somos nós mesmos piscinas
lagos ou charcos
reservatórios onde águas
se debatem)

quando seu vestido
se torna pesado
ela começa lentamente
a mover os braços
e as pernas

primeiro sem deixar de cantar

depois substituindo o canto
por uma respiração ritmada

mergulhando e levantando a cabeça
e aproveitando-se da correnteza
até chegar à margem
lamacenta

por onde sobe
com alguma dificuldade
carregando o vestido
pesado

há muita coisa em comum entre
cair num rio
e cair em si
e cair fora

Um café com a Medusa

> *Ou será então que você acredita, teria ela, escreve*
> *Beyle, ainda acrescentado, que Petrarca foi infeliz só*
> *porque nunca pôde tomar um café?*
> W. G. Sebald, *Vertigem*

Tudo o que com os olhos toco
ela diz
transformo em pedra

mas tudo é já
desde sempre pedra
pó futuro

seus pais eram filhos do mar e da terra
cetáceos de um mundo arcaico
informe ainda
mas ela é mortal
destinada, como nós, ao pó

Ovídio diz ter sido *justo* e *merecido*
o castigo que lhe impingiu Atenas
transformando seus cabelos em serpentes
porque ela se deitara com Poseidon

são desde sempre as mulheres, ela diz,
condenadas pelo que fazem no leito

desde sempre amputadas
de suas terríveis cabeças

mas hoje estamos velhas
ela e eu
cansadas de refletir o tempo
como um escudo

só queremos tomar nosso café

cada serpente que lhe adorna a cabeça
fala em uma língua
e a traduz

mas na realidade
falamos pouco
enquanto olhamos o porto
e ela ajeita as asas
na cadeira

cúmplices
ela e eu
(embora eu evite
confesso
olhá-la nos olhos)
tomamos nosso café quase
em silêncio

ela diz que agora sonha apenas com o mar
que seus cabelos são algas e não serpentes
e que dançam lentamente no fundo de um oceano
cheio de monstros, como são os oceanos,
lagostas enormes e águas-vivas
e outras incongruências marinhas
corais e conchas que são
como estojos
e baleias que vivem até duzentos anos
o que para ela é nada, alguns segundos
como de fato é

e rimos as duas
que duas velhas sonhem ainda
e sempre o sexo

é talvez o que há no desejo de mais cruel
quando nele há tanto de cruel:
que ele dure, continue
e às vezes seja só desejo
do desejo
e seja móvel e mesmo
como o mar

aos que não têm mais pátria
seja porque se exilaram
seja porque o país se exilou de nós
e toma a forma dos nossos pesadelos
seja porque na realidade não há países
mas extensões variáveis de terra

que as nuvens sem passaporte
atravessam
resta só a memória do mar
ela diz
batendo inutilmente

o mar e o café
ela diz
e, a cada qual,
suas serpentes

POSTAIS DE PARTE ALGUMA

Turismo

Eu rodava em torno do seu corpo
como se roda num museu em torno da estatuária

eu antes sabia do amor: seda e
presságios

agora sei que o coração
é um cão de rua

mal conheci a cidade
preferi percorrer longamente
seu corpo talhado para o amor

agora quando me lembro da cidade
é do seu corpo que me lembro

(corre ao lado do seu corpo o pequeno canal
na vizinhança da sua boca
onde os seus cabelos anoitecem lentamente)

isso não está nos mapas nos guias nos prospectos nos sites
[de turismo
isso não recomendam as agências de viagem

e no entanto
deveriam

Nunca é fácil
abandonar o que se ama
vê: toda estação
é uma espécie de serralheria
aqui se cortam
pessoas ao meio
se fosse possível
ir e ficar
depois poderíamos
contar a nós mesmos
sobre nossa própria vida
nos encontraríamos
simultaneamente
mais gordos e mais magros
antes e depois do divórcio
os filhos que tivemos confraternizariam
com os que acabamos por não ter
amaríamos profundamente o homem ou a mulher
de quem já mal nos lembramos
teríamos ao mesmo tempo uma coleção de mapas
e uma horta
dormiríamos em hotéis
e no nosso quarto de infância

Mas não é assim

Fazer as malas é tarefa impossível:
aquele que ainda não partiu
tem que colocar na mala
aquilo de que precisará
aquele que vai chegar

A terra prometida a um
será no entanto entregue
a outro

As camisas que não cabem
empilhadas sobre a cama
servem perfeitamente
naquele que vai partir
mas deverão vestir
aquele que vai chegar

A passagem comprada por um
será usada por outro
e de seu próprio álbum de família
olharão para ele
parentes de outra pessoa

Quem está de partida
arruma a mala
de um desconhecido

Praia das Maçãs

O nome já seria suficiente para nos alegrar
nem era necessário o mar, o corpo jogado ao sol
o caminho descendente do bondinho com os joelhos juntos
encostados
nem as cervejas quentes os cigarros divididos
a língua cheia de sal
os livros cheios de areia
nem que nos contassem que a praia levava aquele nome
por causa do rio que atravessava vários pomares
antes de desaguar no mar
depositando na areia os frutos colhidos
no trajeto
na manhã seguinte a luz filtrada pelas folhas
a distância do seu corpo na mesma cama
e eu que jurei não chorar

Alter do Chão

É tudo vidro, areia
pedra primeira da manhã

breu branco
formiga de cheiro
coração oco da floresta

só há o corpo
e se cansa logo
e se desgasta no atrito com as coisas
e está por fim sozinho

só há o corpo
e também a mata
as árvores muito altas
e muito velhas
que um dia o cipó matará num abraço

no igarapé um mergulho
apaga para você o mundo
e apaga você do mundo:
o silêncio dentro d'água

Minas à beira-mar

Scene III. Bohemia. A desert country near the sea.

William Shakespeare,
The Winter's Tale

A Boêmia fica à beira-mar
Ingeborg Bachmann

Assim como a Boêmia
também Minas faz fronteira com o mar
— cada corpo confina com o que lhe falta
(cercado ao norte pela morte
ao sul pelo azul)

Deitei (se não eu, outros como eu)
a cabeça nas ondas, experimentei o sal
da língua, lancei (se não eu, outros como eu)
o corpo ao perigo e fui (alguém foi)
ao fundo

Deixou o mar ao extinguir-se uma cicatriz
na pele das montanhas, estas mesmas que agora
esvaziam-se de si — a exemplo do mar
quando recua

O que ela pensou na primeira vez que viu o mar

... que não era este o mar de verdade
o mar real
mas um simulacro de mar para uso de banhistas
um mar que não era mais do que um outdoor
um painel anunciando o mar
que era outro
não este: regular, sem monstros
quase doméstico
antimarinho
cheio de crianças e mijo de crianças
onde ninguém se lançaria
atrás de mundos desconhecidos
não um meio de imersão
como a música
mas mera calda morna e salgada
sopa de mariscos, embora vivos,
pano de fundo cinza
azulado para jogos repetitivos
em que não ganha ninguém
e que só à noite
se tanto
ferve de estrelas e ruge
como um mar real

Jet lag

Foi a viagem que te trouxe até os meus braços
é a viagem que agora me afasta de ti
amamos por isso mais ou menos
as viagens?

a distância é erótica
mas quem deseja deseja
uma saída

guardo na boca fechada
as três sílabas
do teu nome

a memória é agora o lugar
diário dos nossos
únicos encontros

(que não me possas ler, que eu escreva numa língua
que não é a tua
é o que me parece de tudo
o mais triste
e houve tantas coisas tristes)

Aquele quarto de hotel

O tempo concentra-se no encontro
como a doçura no figo
confundem-se teu nome e o nome do mar
estrangeiro
teu corpo e a laranjeira acesa
no pátio do hotel
e ainda todas as pequenas coisas
que não aconteceram
a partir deste encontro
para nenhum futuro

Parte alguma

Não te enganes: viajar é aborrecido.
Num ponto, ao menos, todos os lugares
se parecem: neles já se passou
algo terrível.
As viagens cansam
e são tristes.
Viajando apenas constatamos
a repetição tediosa do que existe.
Pois para onde quer que compremos passagem
levamos a nós mesmos na bagagem.
Viajar é conduzir o corpo
— esse comboio imundo —
a um estéril atrito com o mundo
e depois passar o dia inteiro
usando a língua como quem usa dinheiro.
Nem a página em branco dos desertos
nem as savanas e sua promessa de aventura
substituem uma hora de leitura.
Mesmo as longas praias e as montanhas
mesmo os sítios inflacionados de história
mesmo as pirâmides os oráculos a arte
e o lugar preciso para se ver
do melhor ângulo
o sol se pôr como se põe em toda parte
serão depois riscados da memória.

Mais vale afinal ficar em casa
se é que se tem uma
e enviar-te este postal
de parte alguma.

NOÇÕES DE LINGUÍSTICA

Seu filho hoje aprendeu uma palavra
seus ossos dormem crescendo
em breve andará com firmeza
saberá a ciência do chão
em breve a língua tomará
conta dele
vai emudecer o mundo
moldar seus pequenos dentes
em breve a língua será a mãe
mais do que você é a mãe

Língua

1

No princípio
toda língua é estrangeira

acerca-se do seu corpo como de uma cidade
até tomá-lo
fazê-lo chamar-se a si mesmo pelos nomes
que ela lhe dá:
pé perna barriga dentes
fazer a língua chamar-se língua
chamar-se a si mesma pelo nome dela
língua
domá-la para ensinar-lhe uma coreografia sua
que ela, língua, por sua vez,
ensina ao pensamento
cantando

estar na língua como numa
casa louca
que obriga ao abrigar

ela pensa o seu sexo
ela pensa o seu coração — fecha-os
abrindo-os

ela é música
e combate

ela fala na sua boca
com a boca dos mortos

ela é a eletricidade
dos cadáveres

daqueles cuja boca ela encheu
antes da terra

ela cria raízes no seu corpo
dela não é possível se livrar

você é o livro
dela

e se aprende outra
é contra ela
contra sua memória
excessiva
e em viagem
com ela
que te cobra e cobre
como um mar

2

Ou é um dueto
uma dança
muito antiga

dela você também se acerca
toma as palavras emprestadas
e empresta-lhes também
sua energia
sua coragem ou doçura

e talvez seja mesmo possível
descartá-la
dissolver-se num mar que não o seu   (*Cf. Jorge de Sena,*
"Noções de linguística")

livrar-se dela
trocá-la por outra
mais nova ou versátil

meus únicos heróis
são os tradutores

ou pouco importa a língua
só o dizer as coisas

que ao serem ditas
extinguem-se
mas com que fulgor

escrever poemas:
não se contentar com as línguas que se sabe
nem mesmo com as línguas que há

as línguas são meios
de viagem, são meios
de transporte as palavras:
carregam consigo o camelo
o arranha-céu a baleia
não só a baleia
todas as baleias
não só o amor
todo o amor

É uma alegria haver línguas
que não entendo

delas foram varridas
as lembranças todas

nelas o sentido passa entre as palavras
como a luz entre as plantas

nelas é sempre a infância:
mar mãe manhã

nelas as núpcias de tudo
com tudo
se celebram

nelas não há
como na nossa
mortos por baixo

(ou antes há muitos
só não
os nossos)

nelas as palavras de amor
ainda crepitam
como madeira nova

ando nas ruas entre as pessoas
que cantam (parece-me que cantam)
nessa língua que não entendo

parece-me que expressam claramente
a vida e a morte próprias
e dos outros

ou que apenas gorjeiam
sibilam silvam

ando nas ruas e é como
um piano preparado
cheio de agitação
e de barulhos novos

ando nas ruas e é como se lesse
às pressas
cartas em chamas

ando nas ruas pensando como é possível
tantas pessoas falando nada
em voz alta

quando me dirigem por equívoco a palavra
sorrio como se pedisse
desculpas

depois fico tentada a correr atrás daquela pessoa
e devolver-lhe a palavra que ela deixou
cair por descuido

Uma primeira pessoa cheia de pequenos animais
e coisas esquecidas nos cantos
e folhas e filó
dirige-se a uma segunda pessoa
com um buraco no meio
onde se pode guardar o pão
ou esconder uma chave
enquanto uma terceira pessoa
da estatura ideal para se pendurar um anúncio
observa de longe
assoviando uma pequena canção

E no entanto entre elas
a primeira, que fala
a segunda, que escuta
a terceira, que assiste
o enigma do mundo
mudo

E o silêncio
que constroem
com palavras
muito antigas

Silêncio

Língua das coisas

Mas também: língua de se falar
com as coisas
e com as próprias palavras

O nome das coisas
quando não falamos delas

Único modo que têm os mortos
de cantar

O que há entre uma xícara e outra xícara
entre uma pedra e uma rosa
entre Vênus e uma cadeira

O modo como soa
uma palavra
riscada

Toda fala nasce com a cicatriz do silêncio,
que foi quebrado

Não há palavra que não seja marcada pelo silêncio
como camisas que secaram
presas ao varal

Por outro lado, frequentemente o silêncio
vem manchado por uma palavra
como um espelho sujo

A forma mais próxima do silêncio é o círculo:
forma geométrica da espera

O rastro que deixou
o animal que não passou

É este o meu nome
quando não me chamas

Por exemplo
alguém traduziu um poema
e introduziu nele um vulcão
que não havia no original
por causa da métrica ou da necessidade
de uma rima
alguém acrescentou num poema um vulcão
que antes não existia
(ou uma mosca, uma raposa, ou foi uma cicatriz
que migrou da mão esquerda para a direita
como luvas vestidas errado
ou maio que se tornou setembro
pelo mero acaso das localizações geográficas
e porque para o poema era necessário
que fosse primavera
ou ameixas que foram trocadas
por lichias, porque ameixas por aqui
quase só são consumidas secas
e era preciso uma fruta
doce e fria).
É assim mais ou menos desse modo
acho
que as pessoas se relacionam
com as coisas
sempre.

Volapuque

> *Conversaremos em volapuque, já*
> *que nenhum de nós o sabe.*
>
> Jorge de Sena,
> "Em Creta, com o Minotauro"

E se, como certo padre católico,
eu tivesse sido chamada
a inventar uma língua
eu saberia fazê-la regular
sonora e limpa
clara como um pátio
sólida como uma mesa
nítida como um garfo
atirado na água?

ou ao contrário a entregaria
com tantos vocábulos diferentes
para dizer *cão*
quantos dizem ter os esquimós
para dizer *branco*
e consoantes que soam
como portas rangendo
e vogais que são como frutos
verdes ainda?

uma língua em que houvesse uma só palavra
para dizer casa e hotel
para dizer mãe e masmorra
para dizer pai e papel

e as canções de ninar soassem
como cantos de trabalho
e os cantos de trabalho soassem
como canções de amor
e as canções de amor soassem
como cantos fúnebres

uma língua em que se festejasse
a cada dia
o aniversário das palavras

ou talvez eu apenas respondesse
(com as velhas palavras
disponíveis):
uma língua não é algo
que se construa
está mais próxima do mar
do que de um barco
é como edificar uma cidade
por mais que se planeje
sempre haverá
raízes de árvores que crescem
quebrando a calçada
um cachorro que toma para si a porta de uma igreja
uma esquina que já não será a mesma
depois que nela duas pessoas se encontraram

Somos como duas línguas estrangeiras
em contato
influenciando uma à outra
fazendo empréstimos e trocas há tanto tempo
que nem sempre se sabe quem tomou emprestado
de quem
como é comum entre amantes
que compartilham uma biblioteca
duas línguas cheias de palavras
que se escrevem de forma idêntica
e se pronunciam de forma ligeiramente diferente
duas línguas que compartilham palavras
semelhantes com sentidos diferentes
ou em que uma mesma palavra
que numa se encontra amiúde
nos contratos de aluguel
na outra apenas se usa em contos de fadas e orações
duas línguas estrangeiras
em contato
com suas histórias de violência e recuo
hostilidade e hospitalidade
ressoando uma os sons da outra
movendo-se como placas tectônicas
com suas camadas de sedimento antigo
e pequenos seixos, rolantes, desprendendo-se no caminho

duas línguas estrangeiras
em contato
como periferias de grandes cidades
com seus comércios e casamentos
disputas e empréstimos
deixando uma na outra rastros
como os do sol sobre os corpos
ou resíduos
como borra de café nos copos
duas línguas estrangeiras
mudando juntas de jeitos diferentes
mantendo porém pequenos enclaves
intraduzíveis
como pequenas ilhas
duas línguas nas quais duas pessoas
são capazes de entender uma à outra
surpresas e alegres por entenderem uma à outra
sem nem perceber que não se entendem tanto assim

Prosa (i)

Num evento literário
a romancista conta
que tinha sido casada com um poeta
eu passava anos trabalhando num livro
ela diz
todo o tempo
muitas horas por dia
pensava nisso
o dia inteiro
falava nisso
quase o tempo todo
fizemos juntos uma viagem
curta
ela diz
ao final dela
ela diz
ele tinha um livro

Num ensaio sobre Marina Tsvetáieva
Joseph Brodsky diz
que ninguém sabe o que perde a poesia
quando um poeta se volta para a prosa
mas é certo que a prosa
ganha muito

Afinal a poesia
— a imagem também é de Brodsky — é aviação
e a prosa, infantaria

Numa entrevista
João Cabral de Melo Neto diz
que a poesia tem alguma coisa de laboratório
— é como se a literatura fosse uma fábrica — ele diz
— que produz romances, contos, ensaios
mas tem um laboratório onde se faz pesquisa
para todas essas coisas — esse laboratório
é a poesia

Na livraria
quando pergunto
sobre a estante de poesia
o livreiro aponta
e diz
os livros de poemas ficam ali
perto do chão

Tudo isso foi dito
em prosa

Prosa (II)

Roberto Bolaño
se considerava
antes de tudo
um poeta

No entanto
o autor ficou conhecido
sobretudo
como prosador

Muitas personagens
da prosa de Roberto Bolaño
são poetas

Já se disse, aliás,
que a figura central de sua prosa
é o poeta

É uma questão
se se devem considerar
os poemas escritos
por personagens de Roberto Bolaño
poemas escritos
por Roberto Bolaño

Há quem acredite
que o autor trocou
a miséria da poesia
pela mercadoria da prosa

Ou quem sabe a poesia
é impossível
e ele faz o luto do verso
na linha da prosa

Ou então sua prosa incorpora a poesia
reproduz algo do seu ritmo
(em *2666*, mulheres mortas rimam
com mulheres mortas)

É possível que os poemas sobrevivam
como fantasmas de poemas
assombrando os romances

Alguns talvez creiam
que o prosador ofuscou o poeta
fracassado

Ou o fracasso da poesia
infiltrou-se em sua prosa
como um mendigo
numa festa
um mergulhador
num lago
um cão
num teatro?

Alguém acendeu uma lâmpada num livro
mas o quarto permaneceu no escuro
alguém adormeceu com a cabeça sobre um livro
e sonhou então o sonho do livro
o que não está escrito
alguém embaraçou os cabelos
nas linhas de um livro
alguém permaneceu então com a cabeça
para sempre aprisionada no mesmo livro
alguém entrou num livro muito fundo e se afogou
alguém guardou num livro uma passagem de trem
e uma personagem secundária partiu em viagem
alguém leu um livro numa língua que conhecia pouco
e então um novo livro passou a existir no mundo
o livro das coisas que entendeu a pessoa
que leu um livro numa língua que conhecia pouco
alguém conheceu o mar num livro de poemas
e quando mais tarde viu no mar as ondas se quebrando
entendeu que era assim que os versos se quebravam
repetidamente e sem esperança
alguém iniciou uma viagem
na página 43 e só voltou
na página 112, quando era tarde demais
alguém odiava o modo como as pessoas morrem nos livros
alguém se perguntou o que foi feito do cão

depois que se separaram
duas personagens de um romance
alguém acredita que um livro
que não conta o que se passou com esse cão
não deveria ter sido escrito
alguém acredita que algum livro
precisa ter contado a história desse cão
alguém passa toda a vida
à procura desse livro

Poema com o som de sua própria fabricação

A partir de Robert Morris, *Box with the Sound of Its Own Making*, 1961

Não só o som do caderno abrindo-se o som
da caneta seguindo a linha pautada não só
o som ritmado das teclas do computador
o som mais forte do polegar fabricando
o espaço

Também o som dos passos pela cidade a música
da respiração do dia o som do sol subindo
como a porta das lojas sendo abertas barulhos
dos carros limpando a própria
garganta socos sirenes o som do café fervendo
na cafeteira o som das palavras
não sendo retiradas das coisas
como mariscos de suas conchas
mas esfregando-se nas coisas, polindo-as
de um brilho sujo enquanto o poema vai se fazendo
tarde demais

Sobre um poema de Issa

Amanhã outra vez
(escreve Issa num poema)
não farei nada

o poema de Issa
é obviamente uma mentira
já que ele o fez

já eu hoje não fiz
de fato nada

À mesa
onde também se come
senta e escreve

Gostas da mesa
por sua memória de árvore
porque antes de ser mesa
viveu a vida da floresta

Porque poderia ter sido casa
ou piano
ou caixão
e guarda também
a memória daquilo de que não foi matéria

Ou poderia ainda ter sido fogueira
em lugar de apenas arder em silêncio
sob o papel
que também foi madeira
também tem o dom de queimar

Escreve poemas:
devolve
o papel à árvore

Ou ao menos tenta:
senta

Você se dá conta
de repente
de que muitos dos poemas que ama
foram na verdade escritos
por seus tradutores:
senhores míopes
enfiados em escritórios improvisados
no quartinho dos fundos
enquanto os netos jogam bola na sala
jovens mães de família
implorando por umas horas de silêncio
traduzindo versos longos
enquanto ouvem ao fundo bater
como um mar
a máquina de lavar
professoras aposentadas
que se metem a verter ao português os versos
de um velho poeta chileno
funcionários públicos que passam suas horas livres
trocando palavras umas pelas outras
como numa casa de câmbio
doutorandos mal remunerados
autores de outros poemas
que você não ama
debruçados sobre palavras

que você nunca vai ler
e lançando sobre o papel
novas palavras
que se tornarão depois
suas preferidas

*

Você entrava nesses poemas
como num mar estrangeiro
como daquela vez que entrou no mar
de um outro continente
um mar feminino
sob um sol feminino
e teve a impressão de ter abandonado
partes de si mesma
da sua vida da sua língua do seu nome
junto com as roupas amontoadas
na areia

*

São muitas
você sabe
as palavras
e esperam
como toras de madeira empilhadas
capim crescido
mercadorias que aguardam transporte
pequenos barcos a remo sem remo

máquinas que não se sabe
para que servem
cartas extraviadas
no voo
as manchas de café nas páginas
de um livro
todas as coisas encontradas no estômago
da morsa que morreu em 1961 no zoológico de Berlim
esperam
que você as escute
e as deixe dizer
o que dizem
no entanto você não pode
— um rastilho de pólvora
e você não tem isqueiro —
precisa de outro que as acenda
só pode se aquecer numa fogueira
emprestada
— é mais ou menos isso
mas com outras palavras

PARAR DE FUMAR

Despeço-me
de um jeito meu
que eu tinha

interrompo uma tarefa
a que fui longo tempo fiel

era algo que eu fazia
relativamente bem

embora também nisso
eu houvesse empenhado
algum desajeito

(conheci ginastas do fumo
esportistas na arte de matar-se aos poucos
— mas nenhum era eu)

era então sobretudo um modo de ocupar
as mãos

e elas
poderiam

— ah, sim,
como poderiam —

fazer coisas ainda
piores

O que fazer agora
com as mãos
cegas?

o cigarro é parente
do lápis

eram, afinal, gestos para nada
como na dança

(e fico à espera de alguém que coreografe o ato
de acender um cigarro numa praia cheia de vento)

as cariátides
as gárgulas
seriam mais felizes
se fumassem

só amamos de fato
o que serve para nada

mas as mãos mais do que nós
sabem o que fazem —
são desde cedo adestradas
no adeus

só sinto falta de fabricar
minha própria nuvem

e de esperar-te em alguma esquina
fumando em pé
como um farol

> *... já não podemos mais render homenagem ao*
> *fogo a não ser através do cigarro.*
>
> Julio Ramón Ribeyro, *Só para fumantes*

De tudo o que queima
eras o mais inofensivo

Pequeno eros

Incendiária, sim,
mas de mim mesma

Acendendo-me
pelas pontas

Estava autorizada
a brincar com fogo

Tinha uma desculpa para sair
para fora de todos os lugares

E podia estar calada
enfiada num canto
de todas as festas

Carregava pelas ruas
uma pequena chama

Inútil lanterna
acesa no dia

Como um escafandro
embora fosse, antes, o contrário disso

(Quantas vezes saí para nunca mais voltar
e voltei meia hora mais tarde
com um maço de cigarros nas mãos
como uma noiva segurando um buquê
de vinte flores brancas
e mortais)

Agora já não sou mais
capturada pelo fogo

Agora pode me chover
por cima

Ateava fogo
e agora
cinzas

Uma foto de Wislawa Szymborska

Há uma foto
de Wislawa Szymborska
acho que na noite
do Nobel

A cabeça jogada para trás
num vestido tabaco
escuro
em meio à multidão um pouco
desfocada
com os olhos abertos
segurando o cigarro
ela sopra a fumaça para cima

A afronta que é uma velha
a fumar

Há outras fotos
de Wislawa fumando
por exemplo a foto da capa
de sua primeira antologia brasileira:
com os olhos quase fechados
diante de uma xícara de chá
com uma blusa florida

e um relógio pequeno
no qual não consigo ver as horas

Há também uma série de fotos
em que ela fuma
com seu companheiro

Ver essas fotos
me dá saudade de fumar a dois
os gestos sincronizados
como num dueto

Mas a foto de que mais gosto
é mesmo aquela:
com a cabeça jogada para trás
e o ar de quem não está
ali de todo
soprando para cima a fumaça
que se mistura
com seus cabelos brancos

Nele o fogo caminha
como caminham os incêndios

lume que
ao contrário das lâmpadas
afasta as mariposas
em vez de atraí-las

objeto incapaz de guardar memória
já que se consome a si mesmo
no uso

dessa classe de objetos
que não são bem objetos
cujo peso é maior que seu peso

dispositivo
para complicar-se a si mesmo
ou para dar-se ares de complicação
— um auxiliar da pose

enquanto por dentro
seus pulmões se retorcem
murcham
como flores sob a ação do fogo

(minha neblina)

e depois de morto
bagana jogada na rua
ou enfiada entre inúmeras outras
num cinzeiro cheio
é desprezível — albatroz no chão
cabelo caído da cabeça
resíduo da minha estupidez

Vendo vaga-lumes
acesos na mata
sempre pensei
em pessoas que vagassem
segurando cigarros acesos
luzindo
em círculos
ou, antes, em órbita
até que de repente
subissem
ascendendo aos céus
como anjos
fumantes

> *O cigarro é uma invenção dos índios da*
> *América do Sul.*
>
> Caetano Veloso, "Ela Ela"

Os baré do Alto Rio Negro
me conta meu amigo antropólogo
dizem de suas flautas sagradas:
vamos fumar nossos xerimbabos

também deles, dos xerimbabos,
não dizem que são fabricados
mas *caçados*

passei muitos anos
tocando a música silenciosa
dos cigarros
e benzendo com fumaça
as flores da toalha de mesa os eletrodomésticos
adormecidos a cafeteira esguia

São como Ícaro
os fumantes
atraídos pelo lume

crentes de que
ao subir a fumaça
subiria também
o pensamento

e se põem assim
pensativos apenas
pela pose

próximos demais
do fogo

deixo agora o cigarro
como um Ícaro
que aposentasse as próprias asas

como se com isso me pusesse
fora do círculo da queda

Fiat Lux

Sempre tenho dificuldade de encontrar
os fósforos
embora a caixa amarela
acesa ela mesma
quase brilhe no escuro.
No momento do atrito
a luz se fez   o fósforo se foi.
À madeira apagada
após a irreversível fricção
— ela educa
na rapidez —
parece indiferente
se acende um cigarro ou um fogão
uma mata virgem ou roupas sujas de sangue
uma vela um velho sofá ou uma casa
com todos os moradores dentro.
Já se disse que o mundo se divide
entre aqueles que se interessam pela madeira e pelas
cinzas
e aqueles a quem apenas interessa a chama.
Deve-se evitar riscar
na direção do corpo.
É o aniversário
de ninguém.

Seu nome acende-se
e extingue-se no instante seguinte
como se alguém subitamente apagasse a luz da varanda.

Prometeu

> *Padilla, lembrava-se Amalfitano, dentre todos os costumes defendia o de fumar.* [...] *De acordo com Padilla, não existia na língua espanhola frase mais bonita que a usada para pedir fogo.*
>
> Roberto Bolaño, *As agruras do verdadeiro tira*

Alguns poemas
nos tiram as palavras
que nos dão

O mais belo poema
da língua (já se disse) é:
pode me emprestar
o fogo?

A cada dia o reescrevem
os que pedem lume
a desconhecidos pela rua

Toca algo
sempre antigo
na jukebox do coração

*Um cigarro é um pequeno cilindro de folhas de tabaco de
corte fino enroladas numa mortalha que pode ser fumado.
O cigarro é aceso numa das pontas, iniciando uma com-
bustão lenta cujo fumo pode ser inalado pela outra ponta.*
Wikipédia

Duas pontas
e de um lado há lume e do outro a pequena noite da boca
e de um lado os barulhos do dia e do outro um lugar de
[silêncio
e de um lado um verão ígneo e do outro uma estação
[variável
e de um lado a noite fria e do outro as salas quentes do
[corpo
e de um lado o mundo todo e as insistentes coisas exteriores
que existem
e do outro alguém, carne emaranhada num nome
e de um lado a linha pontilhada do mundo e do outro
um ser humano, ou seja, um ser com o sexo no centro
e de um lado uma estrela acesa e do outro o país da cabeça
e de um lado uma luz que cambaleia e do outro um punhal
[pensante
e de um lado a cidade e do outro a cilada de si
e de um lado a canção das coisas e do outro alguém que
[ocupa a própria boca

para não ter que cantar
e de um lado o balbucio de tudo e do outro uma fogueira
[diminuta
defumando a língua
insuflando fumo
ao idioma
e de um lado uma pequena chama e do outro um animal
[que respira
de pé
imóvel e sem compreender
atados por um cilindro de papel e pólvora
e veneno

Como uma viga
à qual me apoiava ante
a noite vasta

brilhando

carregava a luz inquieta

como se fosse possível afinal
apoiar todo esse peso
na luz

> *Sou apenas um peixe, mas que fuma e que ri*
> *e que ri e detesta*
> Carlos Drummond de Andrade, "Equívoco"

Ainda sinto falta de ter algo nas mãos
uma pedra uma tocha um gato

e assalta-me às vezes o desejo
de voltar ao sítio onde se encontrariam
todos os meus isqueiros perdidos

ou mesmo àquela hora
noite ou manhã indiscernível
fumando sem prazer
no sufocante aquário de fumar
do aeroporto
cheio de chineses

talvez não o único ser que fala
ou canta ou ri ou pensa-se
mas o único que fuma

leio na Wikipédia
que o cigarro se chama assim por sua forma
parecida à da cigarra

é improvável
e no entanto
creio

é como um instrumento musical
para fazer silêncio

Encerramos afinal nossa aventura
eu e tu

e eu, que mais de uma vez temi
que com ela também a poesia se encerrasse

(seria talvez necessário agora
riscar todos os meus versos
com a palavra *cigarro*)

e no entanto
no transporte público no supermercado
num guichê no meio de uma tarde
qualquer
ela — a poesia — parece estar de volta

quando menos se espera
e sem que se tenha a certeza
de que é mesmo ela

1ª EDIÇÃO [2021] 5 reimpressões

ESTA OBRA FOI COMPOSTA PELO ACQUA ESTÚDIO EM MERIDIEN
E IMPRESSA PELA GRÁFICA BARTIRA EM OFSETE SOBRE PAPEL PÓLEN BOLD
DA SUZANO S.A. PARA A EDITORA SCHWARCZ EM ABRIL DE 2024

A marca FSC® é a garantia de que a madeira utilizada na fabricação do papel deste livro provém de florestas que foram gerenciadas de maneira ambientalmente correta, socialmente justa e economicamente viável, além de outras fontes de origem controlada.